Y BABI A'R INC
AC ATI...

I Rhŷs
sy'n mwynhau dipyn o chwarae ar eiriau

Y BABI A'R INC

AC ATI...

cerddi ysgafn gan
Tegwyn Jones

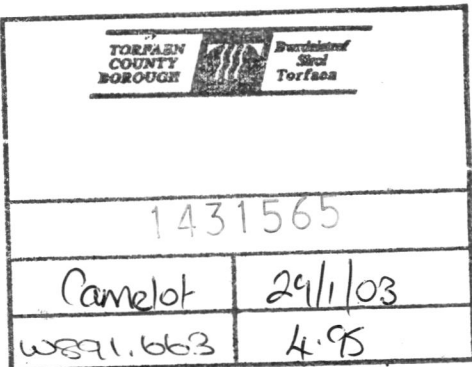
Argraffiad cyntaf: 1999

Cartwnau a'r clawr gan yr awdur

Rhif Llyfr Rhyngwladol: 086243 488 2

Argraffwyd a chyhoeddwyd yng Nghymru gan
Y Lolfa Cyf., Talybont,
Ceredigion SY24 5AP;
e-bost ylolfa@ylolfa.com
y we www.ylolfa.com
ffôn (01970) 832 304,
ffacs 832 782,
isdn 832 813;

Cynnwys

Rhagair

Yn ddieithriad bron, yr hyn a geir isod yw rhigymau a luniwyd o dro i dro ar destunau gosod i'w darllen ar raglenni radio a theledu megis *Talwrn y Beirdd* a *Dros Ben Llestri*. Eu bwriad bryd hynny oedd codi gwên, a hynny'n unig, ac os llwyddant i wneud yr un peth mewn print, gorau i gyd. Cyhoeddir y faled 'Catrin o Ferain' trwy garedigrwydd Llys yr Eisteddfod Genedlaethol. Robat Gruffudd a deimlodd y byddai'n werth eu cywain ynghyd, ac ef hefyd a'm hanogodd i'w haddurno ag ambell gartŵn yma ac acw. (Hyn rhag i mi gael y bai.) Diolchaf iddo ef, i Lefi, a'u cyd-weithwyr yn Y Lolfa am eu diddordeb, ac am roi cystal gwedd ar y deunydd crai a gawsant i weithio arno.

TEGWYN JONES
Hydref 1999

Pan Lyncodd y Babi yr Inc

Roedd hi'n ddiwrnod o haf yn Llanrhaeadr
A'r ficer wedi blino fel pren,
Pennod arall o Lyfr y Datguddiad
A dyna'i holl lafur ar ben.

Ar hyn clywai sŵn wrth ei ymyl
A throdd i gael gweled beth oedd,
O'r pot inc y babi a yfai,
'Sdim rhyfedd i'r ficer roi bloedd.

A dwrdio ei wraig, gan ei holi,
"Pa fodd – ac atebwch mewn chwinc –
Gallaf orffen cyfieithu'r Datguddiad
A hwn wedi yfed yr inc?"

Fe yrrwyd y gwas i dre Mwythig
Am ragor – doedd defnyn yn nes,
Ac am weddill y dydd bu'r hen ficer
Yn taranu ac yn uchel ei wres.

Y gwas bore drannoeth ddychwelodd
Yn blygeiniol, a'r inc yn ei law,
A'i feistres a aeth i ystafell
Y babi, a griai'n ddi-daw.

'R ôl edrych yn gloi ar ei glwtyn
A gweld bod ei liw yn blw-blac,
Aeth i stafell ei gŵr ar ei hunion
A'i ddihuno a dwedyd yn grac:

"Dos ymlaen â chyfieithu'r Datguddiad,
A phaid â dy rwgnach, y crinc,
Mi af innau i nôl dŵr a sebon,
Canys wele – datguddiwyd yr inc".

Toriadau

(mewn Llywodraeth Leol)

Toriadau oedd ei hobi, toriadau oedd ei fri,
Ac ar y Cyngor, "Torrer a thorrer" oedd ei gri.

Torrer ar addysg plantos a'r gwasanaethau'i gyd,
Ar fysus ac ysbytai, ac ar oleuni stryd.

Ond echnos, lle bu'r Cownsil yn cloddio wrth Dy'n-pwll,
Fe syrthiodd (doedd dim golau) din-dros-ei-ben i'r twll.

Ei fraich a'i goes a dorrodd, a'i ben wrth syrthio'i lawr,
A sigodd fannau eraill nad awn i'w henwi nawr.

Ei godi wnaed a'i gludo i 'sbyty'r dre rhwng dau,
A'i roi yn un o'r wardiau sydd eto heb ei chau.

Fe'i gwelais yno heno a rhwymyn am ei ben,
A pheth o waed y cyfaill yn staen ar glustog wen.

Ei wyneb oedd yn gleisiog, a'i goes i fyny'n streit,
A'i fraich mewn plastar paris, a sarfo'r diawl yn reit.

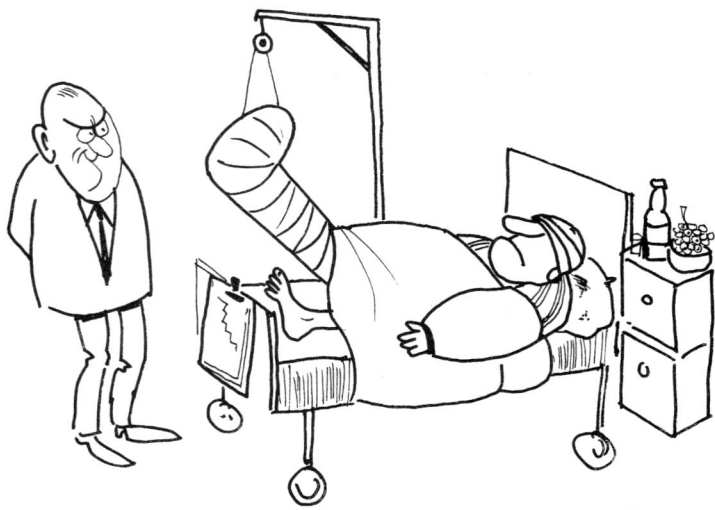

Grantiau

Caed grant i'r dyn drws nesaf
A hynny heb fawr o strach,
I osod tanc carthffosiaeth
Gerllaw ei fwthyn bach,
A grant a gafodd hefyd
Un o'n poetau ni
I lunio cyfrol arall
O'i gerddi mawr eu bri.
Trwy gyfrwng grantiau, felly,
Hen wir gaiff ei gyfleu –
Mae rhai yn difa sbwriel
Ac eraill yn ei greu.

Y Ffŵl

(Hen stori ar gân)

Yn y goedwig roedd yr eira yn disgyn,
Yn disgyn yn drwch dros bob man,
(Mae'r rheswm dros y disgyn yn un syml iawn –
Doedd 'na ddim byd i'w ddala fe lan).

Ymhyrddai y gwynt drwy'r canghennau
Yn nerthol, a'i uchel nad
Fel dolefain gwrach yn merwino'r glust,
Nid annhebyg i sŵn y Corn Gwlad.

Daeth teithiwr blinedig i'r golwg,
Un bychan ac eiddil a gwan,
(Petai hon yn ddrama ar S4C
Huw Ceredig fyddai'n chwarae'r rhan).

Yno'n swatio ar ymyl y goedwig
Yng nghysgod y deri tal
Gwelodd fwthyn gwyngalchog â'r geiriau
'Bed and Breakfast with Parking' ar y wal.

12

A'r storm yn taranu, fe gurodd
Yn drwm ar y porth oedd mor dlws,
(Neu a'i roi e fel arall yn symlach –
Rhoddodd goblyn o gnoc ar y drws).

Gofynnodd i'r wraig a'i agorodd
Am stafell – "Ry'n ni'n llawn," meddai hi,
"Ond cewch gysgu'n y bath, os yw hynny'n olreit,
Neu cewch gysgu 'da'n babi ni".

Beth os deffrai y babi, meddyliodd,
Ganol nos a dyrchafu ei lef?
Ai efe fyddai'n newid ei glwtyn?
"Mi gysgaf yn y bath," meddai ef.

Rhyw noson annifyr a dreuliodd,
Doedd yno na chysur na moeth,
Fe fwrodd ei ben yn y tap dŵr oer,
A doedd dim washer ar y tap dŵr poeth.

Ond O! Bore drannoeth ar frecwast
Daeth rhyw angel â'i gig moch a wi,
Ni welwyd ar drydydd tudalen
Y *Mirror* un harddach na hi.

Roedd ei gwallt megis aur ar ei 'sgwyddau,
Roedd hi'n goesau hyd at ei phen – O!
A'i llygaid mawr glas, "Wel dywedwch
Pwy ydech-chi 'ngeneth?" meddai o.

"Wel, Babi mae pawb yn fy ngalw,"
Meddai'r brydferth, "ond fy enw yw Cath,
A chithe?" "O, fi," meddai'r teithiwr,
"Yw'r ffŵl a gysgodd yn y bath".

Y Cymydog Da

Mae'n wrthrych tosturi, yn byw wrth ei hun
Heb gysur na phriod na phlant,
Ond o mae'n garedig – yn wir mentraf ddweud
Fod John fy nghymydog yn sant.
Pan af i gynhadledd neu sasiwn, mae hwn
Yn fy hebrwng i stesion y dref,
Gan gario fy mag, a rhoi sicrwydd bydd Gwen
Yn ddiogel dan ei ofal ef.
Ac mor glòs yw'r gyfathrach a dyfodd fel hyn
Rhwng y paragon hwn a mi
Fel bod pawb drwy yr ardal yn dweud fod fy mhlant
Yn debycach iddo fe nag i fi.

Yr Anrheg Nadolig Hwyr

Heb gael dim i wraig y llety,
Hen sefyllfa gas,
Siopau i gyd ar gau, ond 'pet shop',
Prynu bydji glas.

Dim un caets ar gael i'w gadw,
Cafodd fflio'n ffri,
Rownd y gegin mewn llawenydd
Canai "Twî, twî, twî".

Gwraig y llety'n casáu adar,
Wyddwn i mo hyn,
Bydji'n fawr o help i'r achos –
Gwneud pob man yn wyn.

Dringais i'm ystafell uchel
O ofidiau'r llawr,
Wedi gwaedd a rheg a bygwth
Bu tawelwch mawr.

Welais i mo'r bydji wedyn,
Cafodd faes a choed;
Am wn i! Roedd ffowlyn leni
Y peth lleia 'rioed.

Heno

Mi ganaf bwt o ganig
To pay a debt you see,
I raglen fach a welaf
Each night on S4C.

Pan oeddwn fachgen ieuanc
And never heard of sin,
Yr own i'n poeni'n arw
'Cos my hair was getting thin.

A phara wnaeth fel hynny
And oh it worried me,
Doedd gennyf ond rhyw flewiach
By 1993.

Ac yna ar ryw noson
A-sitting in my socks,
Yn gwneud dim byd arbennig
I did switch on the box.

Ac ar y sgrîn fe welais
(And oh my heart did sing),
Angharad Mair ar soffa,
A lovely, graceful thing.

Mor hardd y gwenai arnaf,
And pretty she did talk,
Cymraeg siaradai'n rhugl
And English she did spoke.

Fe alwodd ati Ena
To show poor dabs like me,
Shwt oedd coginio pwdin
And mix like hell did she!

Y pwdin ar ôl gorffen
Was shown upon the screen,
A phwdin gwell na hwnnw
I ne'er before had seen.

Mi geisiais wneud un tebyg
But oh the state of it,
Yn frown, yn wlyb, yn feddal
Like some old donkey's – spit.

Ond wedyn wrth ei flasu
I smeared some on my snout,
A wir, o gwmpas fanno
A hair or two did sprout.

Wel, nawr, beth am fy mhen i?
I to myself did said,
Oherwydd tebyg hwnnw
To Ebenezer's* head.

Ac ar fy mhen fe'i rhwbiais
As briskly as I could,
Ac o'r fath gyfnewidiad
Where I had rubbed the pud.

A nawr pan af i waco
The neighbours stand and stare,
Gan ddweud yn fawr eu syndod,
"Well look at 'im b'there".

O, raglen annwyl *Heno,*
I thank you much for that,
Yn lle rhyw flewiach tenau
My hair is now grown fat.

*Cyfeiriad at Lyn Ebenezer, darlledwr enwog ond moel.

I Manweb

Rhag peri i'n sioc
Gorchuddiwyd dy wifrau,
A chladdwyd pob plwg
Yn ddwfn yn ein muriau.
O na bai rhyw ddyfais gyfatebol
A'n diogelai rhag y sioc chwarterol.

Unrhyw Fater Arall

"A oes fater arall eto?"
Meddai Duw ar ôl creu nef a llawr,
Y moroedd a'r cyfan sydd ynddynt,
A phobol – rhai bach a rhai mawr.

Ysgydwodd 'r angylion eu pennau,
Ond meddai rhyw geriwb bach breit,
"Dech-chi ddim wedi creu yr un Cardi,"
"Wel diawcs," meddai Duw, "rwyt-ti'n reit".

A hon ydyw'r enghraifft gynharaf
O'r gwirionedd hynaf sy'n bod –
O dan Unrhyw Fater Arall
Mae'r pethau pwysicaf yn dod.

Y Mygyn Olaf

A'i gefn at wal y carchar llwm
A'i ddwylo ynghlwm roedd Pedro,
A sgwad o filwyr o flaen hwn
A ffroen pob gwn tuag ato,
Am alw'r Teyrn yn 'glwyddgi mawr'
Daeth awr ei ddienyddio.

Roedd yno swyddog syth fel pawl,
"Mae gennyt hawl," medd hwnnw,
"I fygyn bach cyn mynd i'r ne'"
"OK," medd Pedro, "thenciw,
O un sigâr rwy'n hoff o ngho' –
'El Castro' yw ei henw".

Sigâr Hafana 'chydig mwy
Na mast Blaen-plwy yw honno,
A'i sugno hi â phleser llawn
Yn fuan iawn roedd Pedro,
Ac o ran hyd nid oedd fawr gwaeth
Pan ddaeth yn amser cinio.

Ond holi wnâi y milwyr 'nawr,
"Wel rargian fawr! Am aros!
Pa les oedd dod fan hyn â gwn
I saethu hwn, amigos,
Ac yntau'n pwffian mewn cryn steil
Sigâr a ddeil am wythnos?"

"Rwy'n mynd", medd un, "i ddyfrio'r ardd,
Pob blodyn hardd a wywa,"
"Mae gennyf", medd un arall, "ddraig
O wraig sydd eisiau siopa,"
A buan iawn nid oedd ar ôl
O'r milwyr ffôl 'r un copa.

A'r swyddog tal yn llaes ei foes
At Pedro a droes ar hynny,
Gan ddweud, "Dyw pethau ddim o'n plaid,
Bydd rhaid gohirio'ch saethu,
Mae anawsterau lond fy nghôl,
A ddowch-chi'n ôl yfory?"

"Dof, dof ," medd ef, "ni fynnwn i
Eich siomi am fy mywyd,
Mi lonciaf draw tua hanner dydd,
Manteisiol fydd i'm hiechyd,"
A mwg sigâr o'i ôl yn darth
Diflannodd parth â'r machlud.

Myfyrdod Hen Gychwr Afon Angau

Byddai yma le garw,
Byddai – 'tawn i'n marw.

Profiad

Mewn rhyw ffair yn ymyl Ceri
Gwrddais i â Hannah Meri,
Pe cawn innau gyfle eto
Arglwydd Iôr nid awn i yno.

Syniad

Wrh fwyta fy mrecwast rhyw fore
Daeth syniad i 'mhen i o rywle –
   Sut i ostwng gwŷr mawr,
   Codi'r truan o'r llawr,
Ond nawr smo fi'n cofio beth oedd e.

Betio

Fe gollodd rhyw fetiwr o Ffiji
Y cyfan a feddai ar ji-ji,
   A chwyno'n ddi-daw
   Mae ei wraig ar bob llaw
Mai gwag ar y naw yw 'i ffrij hi.

Gwlad y Gân

Crefu wneuthum – gwae fy mhen –
Ar fy nghariad, **Mentra Gwen**,
Hithau fentrodd rhyw **Nos Galan**,
Nawr **Myfi sy'n magu'r baban**.

Y Ferch o'r Sger a ddaeth i'm gweled,
Rhoi ei llaw fach ar fy arffed,
Ac yn gofyn wrth ei dodi,
Wyt ti'n cofio'r lloer yn codi?

Alun Mabon aeth i'r gwely
At **Hen fenyw fach Cydweli**,
A chael – nid losin gyda llaw –
Ond **Migildi magildi hei naw naw**.

Mochyn du ar **Forfa Rhuddlan**
Yno'n wylo wrtho'i hunan,
Am na allai yn ei fyw
Dalu'r rhent am **Fflat Huw Puw**.

Ar hyd y nos y bu **Merch Megan**
Gyda Don yn ddiddan, ddiddan,
Ar **Doriad Dydd** bu'n rhaid i hon
Weiddi "Reit! **Arafa Don!**"

Meddai **Wyres fach Ned Puw**
Wrth ei meddyg, "O, jiw, jiw,
Doctor, dwedwch be sy'n bod –
Paham mae Dei mor hir yn dod?"

Dafydd Êl yn **Hela Sgwarnog**
Ar gefn asyn mawr dwyieithog,
Dafydd Êl yn mwynhau'n arw
Ond **Yr Asyn a fu Farw**.

Mynd am dro i goed **Llwyn Onn**,
Yno cwrdd â **Lili Lon**,
A phethau'n mynd yn ôl dymuniad,
Drapo! **Dacw Mam yn Dŵad**.

Nawr cofiwch cyn condemnio
Y gerdd, ni ddwedais air
Am **Godiad yr Ehedydd**
Na **Ffani Blodau'r Ffair**.

Ar achlysur cyhoeddi cyfrol fawr John Davies, sef *Hanes Cymru* (1990)

"Fy ngobaith," medd henwr o Langwm,
Uwch cyfrol John Davies yn wargrwm,
   "Yw cyrraedd, gobeithio,
   Cyn awr fy noswylio
Cyn belled â Rhyfel y Degwm".

Limrigau

Mae modd cael pob math o limrige,
Rhai'n bur fel y gwlith yn y bore,
   Rhai eraill yn fyw
   O anlladrwydd a rhyw,
A 'sdim dwywaith mai'r rheini yw'r gore.

Cân yn cynnwys y llinell
'Beth ddaeth o'r mul? – Pwy a ŵyr?'

Roedd Sianco yn gigydd, fel ei deidiau o'i flaen,
Y gorau ym mhentref Llan-dop,
A chadwai hen ful bach – yn gwmni 'mwn i –
Mewn cae oedd wrth gefen y siop.

Un Sadwrn yn sydyn daeth ffôn o'r Belle Vue:
"Ylwch yma," meddai'r pennaeth yn ddig,
"Mae Merched y Wawr heno'n gwledda fan hyn,
Ond b'le, Mr Sianco, mae'r cig?"

A Sianco a gofiodd am archeb y gŵr,
A dychrynodd, newidiodd ei liw,
Pnawn Sadwrn oedd hyn, a 'doedd dim cig ar ôl,
"Nac oedwch!" meddai gŵr y Belle Vue.

A Sianco a wyddai er gwaced ei ffrij,
Fod yn rhaid ufuddhau i'r fath arch,
Cans ym myd y cigyddion dirmygus yn wir
Ydyw'r cigydd a gollodd ei barch.

"Yn y fantol, 'r hen Sianco," meddai ef wrtho'i hun,
"Mae anrhydedd dy deidiau a'th dad,"
A chan estyn am gyllell fe'i hogodd yn hir
Ac aeth allan dan weiddi "I'r Gad!".

Ni siomwyd y Merched, a chliriwyd pob plât
Heb adael 'r un gronyn ar ôl,
A thrannoeth daeth neges o westy'r Belle Vue:
"Roedd y cig yn ardderchog – *top hole!*"

Wrth bwyso'n fyfyrgar ar lidiart ei gae,
Mor ddedwydd oedd Sianco fin hwyr,
Ei boced yn orlawn a'i barch yn ddi-dolc,
Ond beth ddaeth o'r mul? Pwy a ŵyr?

Gogleddwyr

Ar fore'r Creu yr oedd dyrnaid dros ben
O lwch a lludw a siafins pren,

Ac yn hytrach na'u taflu fe gymysgodd y Crëwr
Y cyfan â dŵr, a chreu Gogleddwr.

Gwnaed iddo wraig, ac yn fuan roedd llu
O Gogs bach parablus yn frith ar bob tu.

Ond meddai'r Crëwr, "Edifar yr wy'
Na phwyllais ychydig cyn eu llunio hwy,

Gosodais y sowndbocs yn rhy bell yn y gwddw,
Ac anghofiais roi foliwm i reoli'r twrw,

Mae hefyd rhyw nam ar eu clustiau sy'n peri
Na fydd 'canu' a 'moli' i'r rhain byth yn odli."

"Och! Och!" llefai eto, "pa iawn a wnaf i
Am fod mor esgeulus wrth eich llunio chwi?"

Ond yn ei ddoethineb daeth i ben â hynny,
Rhoes job i bob un ar Radio Cymru.

MI5

Rwyf yma mewn carchar yn gorwedd,
Fe syrthiais heb feddwl i drap,
Dangosais i gyfaill o Rwsia
Sut oedd mam yn gwneud teisen lap.

I'r tŷ fe ddaeth swyddog i'm casglu
Ag **M**, **Un** a **Phump** ar ei frest,
Trugaredd nid oedd yn ei lygad,
A bwled ni dreiddiai ei fest.

A bellach rwyf yma yn tario
Gan syllu ar bedair wal wen,
Cyn rhodiwyf yn rhydd unwaith eto
Bydd Geiriadur y Brifysgol ar ben.

Ac eto ni chwerwodd fy nghalon,
Ni thoddodd fy llygaid yn llyn,
Cans mae gennyf ddau beth i'm cysuro
Wrth dreulio fy nyddiau fan hyn.

A gwŷr **MI5** mor ofalus,
Ein gwlad sydd yn saff rhag pob hap,
Ac mae'r cyfaill o Rwsia, gobeithio,
Yn cael blas ar ei deisien lap.

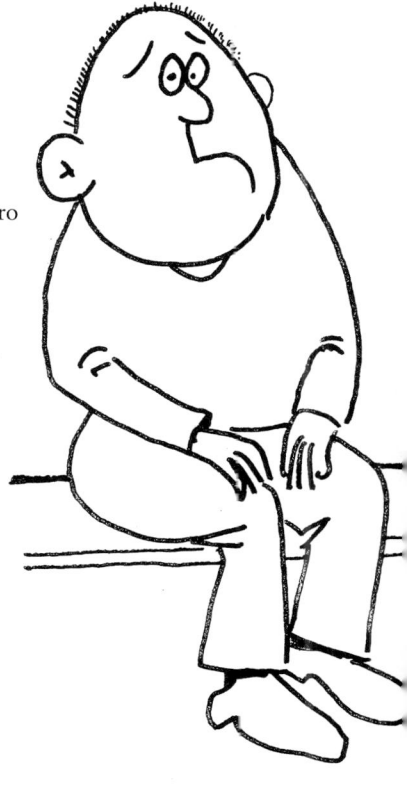

Mawl i Warden Traffig

Sant y palmant ydyw'n
Troedio dan ei bwn,
Aur sydd am ei gapan,
Aur yw calon hwn.

Dysgodd im yn dadol
Do, o fis i fis,
Yn y llys ynadon
Sut i dalu'r pris.

Wedi'r holl dreialon
Daw fe ddaw y dydd,
Cwrdd mewn ale dywyll,
O mor felys fydd.

Y Caribŵ

Am Fot y ci a Thwts y gath
A rhyw destunau dof o'r fath
Fe ganodd pawb – ond ar fy llw –
Pwy ganodd bill i'r caribŵ?

Mae'n byw yng ngogledd Canada
Hyd at ei liniau yn yr iâ
Yn pori glaswellt byr ei dw'
Ac oer yw byd hen garibŵ.

Nid oes i hwn fawrhydi llew
Wrth grafu byw yng ngwlad y rhew,
Na balchder chwaith y cocatŵ,
Na, un o'r bois yw'r caribŵ.

Fe gân ein prifeirdd mawr eu dawn
I'r 'Afon' ac i 'G'naeaf' llawn,*
"Does dim i ddeffro," meddant, "Pŵ!
Yr awen bêr gan garibŵ".

Ac felly, fy nghydwladwyr hoff,
Fe syrth i ran rhigymwr cloff
I wneud yr hyn na fynnan' nhw
A rhoi rhyw bill i'r caribŵ.

*Cyfeiriad at awdlau o waith Meuryn y Talwrn
a'i sarjant mejor.

Beddargraffiadau

Darllenydd Newyddion

Yr utgorn mawr pan gano
Yw'r ciw mae'n disgwyl wrtho,
O'r stiwdio fawr tu hwnt i'r llen
Ni chlyw Big Ben yn taro.

Cricedwr (1)

Ni thybiaist ti wrth fwrw
Y peli yma ac acw
Fod Angau wrthi'n maesu'n graff,
A saff yw dwylo hwnnw.

Cricedwr (2)

Daeth bownser at ei wiced
Ac yntau heb ei helmed,
A'i eiriau olaf oedd, "Myn Duw!
Hynyna nid yw griced".

Cath

Bu farw'r hen gath Topsi
A dim i gofio amdani,
Ond peth o'i blew ar hyd y mat
A Kit-e-Kat lond pantri.

Gŵr Pwyllog

O'i hyrddio dros y clogwyn gan y gwynt
Mae yma'n gorwedd yn ei olaf gell
Ŵr pwyllog a ddyfynnai'n fynych gynt
Y gair, 'Yn ara' bach mae mynd ymhell'.

Tad y Cyngor

Cynigiodd o'r gadair mai ef ddylai fynd
I ryw bell gynhadledd – efe a dau ffrind,
Ond Angau wrth'nebodd, a heb ffwdan na ffrae
Fe gariwyd y gwelliant, a dyma lle mae.

Carchar

Rwy'n byw mewn carchar bychan
Yn ymyl Ty'n-y-coed
A dyna'r carchar perta
Y bûm i ynddo 'rioed,
Y bariau yn disgleirio,
A minnau'n swingo'n ffri –
Am gaets yr wyf yn siarad,
A pharot ydwyf i.

Uchelgais pob rhyw barot
Yw bod yn dderyn hardd
Ond am y parot yma,
Rwy'n ceisio bod yn fardd.

Mae'n well am wn i
Na chicio fy sodle,
Ond peth anodd ar diain
I barot yw odle.
    Er enghraifft:

Merch ifanc o'r enw Miss Witts
Orweddai ar draeth Biaritz,
   Daeth Ffrancwr mawr heibio
   Gan sefyll fan honno
A syllu yn hir ar ei thrwyn.

Rhyw bostmon o ardal y Bala
Roddodd gic i hen gi, reit i wala,
   "Nid dyna," medd Pero
   "Y ffordd i fy nhreto"
A chnoiodd-e, reit yn 'i gefen.

Fe welwch yn awr
Wrth wrando'r fath godl
Mor anodd i barot
Yw delio ag odl.

Ond er mwyn plesio Huw Llywelyn
Dychwelaf bellach at y testun.

Sef stori am fy meistr – ei enw yw Rod,
Na, nid hwnnw, ond fel hwnnw, mae hwn yn un… od.

Mae e'n gweithio'n y dre
Fel rhyw sbrigyn o fancer,
A rhyngoch chi a fi
Mae e'n dipyn o wali.

Mae'n credu – o'r twpsyn!
O ymennydd tila!
Mai bwyd i barot
Yw Polyfilla.

A dyna pam o'm carchar
Yr hoffwn fynd yn rhydd,
A dyna wnes i hefyd
Heb oedi dim rhyw ddydd.

Pan ges i ddrws agored
Hedfanes hyd y lle
Ac yntau Rod a'i briod
Ar eu prynhawnol de.

Fe drewais y cloc oddi ar y silff ben tân,
Ac aeth jwg o'r dreser yn deilchion mân.

A finne'n gweiddi, "Wel dyna i chi drics!"
A'r ddau fan honno yn ca... dweud y drefn.

Chwrlïwn i o gwmpas
Gan hedfan o mor sgit,
Roedd ei wraig yn gweiddi "Damo!"
A Rod yn gweiddi "Hei!
Os dala i di'r deryn, fe gei di toc boen"
Ond wnes i ddim sylw o'r blincin boi dwl,
A thra roedd e'n neidio ac yn ceisio fy machu
Rown innau o uchder ar ei ben yn chwerthin.
Rownd a rownd yr hedfanwn o hyd
Gan adael fy ôl ar y celfi i gyd,
Pe gwelai Bing Crosby y fath alanas
Fe fyddai'n breuddwydio am *White Christmas.*

Ond adroddaf dim rhagor o bethau cas,
Torraf y stori yn ei blas.

Rwyf bellach 'n ôl 'n y carchar
Yn ymyl Ty'n-y-coed
Yn studio rheolau barddas
Yn galetach nag erioed,
A phwy a ŵyr tro nesa
Y dihangaf i o'm cell
Y caf eich annerch eto
Mewn cân sy'n odli'n iawn.

Camgymeriad

Tomos aeth i'r Sioe Frenhinol
Yn lle'r Steddfod Genedlaethol,
Clywodd gras fugunad tarw,
Credodd mai'r Corn Gwlad oedd hwnnw.

Tomos aeth i'r Sioe Frenhinol,
Sylwai ar y lloi syfrdanol,
"Nifer," meddai wrtho'i hunan,
"Ddaeth i'r Steddfod o San Steffan".

Tomos aeth i'r Sioe Frenhinol
A mynd adre'n synfyfyriol,
Chwilio'n hir am awdl 'leni
Yng ngholofnau'r *Farmers Weekly.*

Y Prif Adroddiad

Yn lle 'Adrodd *rhan* o'r Ysgrythur'
Yn rhaglen Eisteddfod y Garn,
'R hyn a brintiwyd oedd 'Adrodd Ysgrythur',
A Dafydd a ddysgodd y darn.

Dechreuodd am naw yng Ngardd Eden
Gan adrodd yn araf o barch,
Ac nid cyn y wawr bore drannoeth
Cafodd Noa a'i stoc fewn i'r Arch.

Bu'n rhaid i Jones Post a'i wraig adael
I fynd ar eu trip rownd y byd,
A phan ddaethant 'nôl mhen tair wythnos
Roedd Dafydd yn adrodd o hyd.

Gorffennodd ar ddiwedd Datguddiad
Jest cyn cystadleuaeth y côr,
Prin iawn oedd y gymeradwyaeth,
A 'doedd neb yno'n gweiddi encôr.

Eitem ar Radio Cymru

Collodd gŵr o Gaerlŷr (sef o *Leicester*)
Ei wraig yng Nghaerwrangon (sef *Worcester*),
   'R ôl chwilio pob sir
   Daeth i'r golwg cyn hir
Yn ymyl Caerloyw (sef *Gloucester*).

Yr Odliadur

Fe brynais *Odliadur* yn Selfridges
Wrth siopa un diwrnod am gabejis,
    O safbwynt barddoni
    Dwi fawr gwell nag o'n i
Ond rwy'n odli fel peiriant gwneud sosejis.

Abednego

'R ôl dianc o'r ffwrn, Abednego
Aeth yn niwsans – fe chwyddodd ei ego,
    Âi ymla'n ac ymla'n
    Am ei daflu i'r tân
A methid yn lân cau ei geg o.

Colled

I lawr ar y Maes Carafane
Fe gollodd 'r hen Domos ei ddanne',
    Meddai wrth ei gyfeillion
    Wrth fwyta cig eidion,
"Wel diawtht, boith, ma' ithe amyne'".

Cymwynaswr

Mae Roberts gweinidog Bryn Tyle
Yn ffoli ar facio ceffyle,
    Yn gwbl unfrydol
    Mae saint y Cwrdd Misol
Yn canmol ei dips i'r cymyle.

Cwestiwn o Bwys

Mae cwestiwn o bwys
Yn fy mhoeni ers dyddiau,
A dyma beth yw
Mewn ychydig eiriau:

Ai chwech o wragedd
Oedd gan Harri'r Wythfed
Ynteu wyth ohonynt
Oedd gan Harri'r Chweched?

Y cyntaf sy'n gywir
Mi fentraf ròt,
Er bod chwech yn llawer,
Mae wyth yn lot.

Casbethau

Yn gyntaf, mae'n gas gen i'r haid eliffantod
Sy'n dod pan ymddengys y tatw'n fy ngardd,
Bob blwyddyn y dônt dros y wal yn y cefen
Gan sarnu'r gwelyau a drefnais mor hardd.

Mae'n gas gen i'r swyddog o swyddfa'r Dreth Incwm
Sy'n galw i'm gweld bob dydd Sul rhwng dau gwrdd,
"Rydym ni yn eich dyled" yw ei neges bob wythnos,
Ac mae'n gadael pentyrrau o bres ar y bwrdd.

Ac yna bob Llun, rhyw ferch ieuanc sy'n galw,
Un brydferth benfelen a llygaid mawr glas,
Mae eisiau dod ataf i fyw, dyna'i neges,
Ac i greadur bach swil fel myfi mae'n beth cas.

Cas gennyf y llythyr sy'n dod mor rheolaidd
Oddi wrth y Frenhines ym Mhlas Bucking-ham,
Os pasia rhyw dridiau a minnau heb alw
Mae'n sgrifennu ar unwaith i ofyn paham.

Rwy'n fachan henffasiwn yn hoffi dim newid,
A hyn rwyf am ddatgan beth bynnag a gyst,
Mae'n gas gen i'r lluniau o ferched noethlymun
Sydd bellch yn llanw'r *Goleuad* a'r *Tyst*.

Fe hoffwn fynd 'mlaen ond mae'n rhaid i mi dewi,
Os oedaf mae peryg caf eto fy nal,
Mae'r tatw'n ymddangos, a chlywaf rwyn credu,
Y dam eliffantod 'na'n dod dros y wal.

Carafaniwr

Trwy'r dydd bu'n teithio'n ara bach
A'r haul yn belen dân,
O'i ôl roedd cynffon hir o geir,
A throellog ffordd o'i fla'n.

Ar ben y daith daeth ato ŵr
Oedd ŵr blinedig iawn,
Fu'n dilyn hwn a'i garafan
O fore hyd brynhawn.

Gan ddweud, "Ar un o'm meysydd i
Mi wn am ddirgel fan
Lle gallet fwrw'r nos mewn hedd,
Tydi a'th garafan".

A gosod yno'n ysgafn fron
Ei garafan a wnaeth,
Nid nepell o'r lle dwedai'r môr
Ei straeon wrth y traeth.

Pan gysgai'r byd, daeth nawfed ton
Hyd at ei lecyn o,
A nawr mae ef a'i garafan
Saith mis o Calao.

Y Rhagbrawf

"Os am weld yr hogyn hwn
    Yn datblygu,
Does dim gwell," medd un wrth mam,
    "Na chystadlu.

Mae'n rhoi hyder, wyddoch chi,
    Llacio'r tafod,
Sêr y pulpud, sêr y sgrîn,
    Ddaeth o'r 'steddfod".

Mam yn clywed eisoes draw
    Glodydd eirias
A gâi'r actor – neu yr ail
    John Elias.

Chwilio am 'steddfod, dysgu'r darn
    A'r ystumiau,
Mam yn gweld fy enw fry
    Mewn goleuadau.

Mynd i'r rhagbrawf i roi start
    Ar y cyfan,
Ond bu tro anffodus braidd,
    Ches i 'm llwyfan.

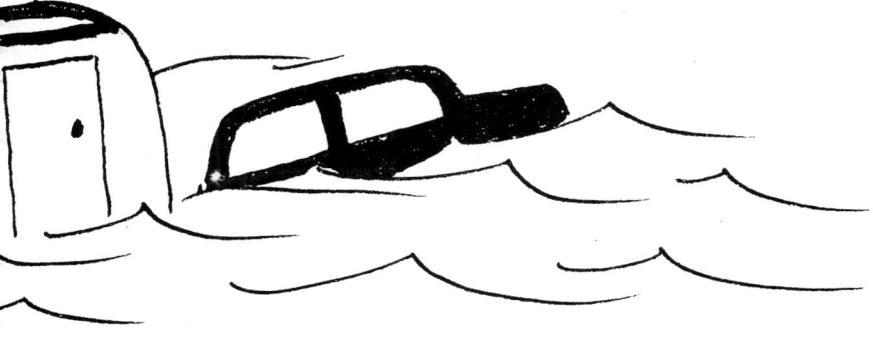

Trafferth mewn Tafarn

Ar stôl wrth far y Leion
Mewn sgert fer, fer a thyn,
Eisteddai geneth **wisgi**
A'i henw hi oedd **Jin**.

"A hoffet weled?" holais
"Rhai **schnapps** o 'nheulu i?"
(A gwelwn liw ei **licer**
O'r fan lle 'steddwn i).

"O **Jin**, O **Jin**," ochneidiais,
"O rwy'n dy **gwrw** di,
Nid oes yr un ferch arall
Yn **campari** â thydi.

Dy gael i rannu 'mywyd
A fai'n anfarwol strôc,
Mae **guinnes** stad a phalas
Yn ymyl Penrhyn-**coke**".

"Mae gennyf ŵr", atebodd,
"Sef Hardy, bachgen **stowt**,"
"Wel dyna **bitter**," meddwn,
Ar hynny daeth y lowt.

A'm gweled i fan honno
(O **tanco**!) yn cael clonc,
"**Bac ardi**!" meddwn wrtho,
Ond rhoes im ergyd – **plonc**!

Ac yna rhoes **argmagnac**
Rhyw boenus gic yn wir,
Mae clais mawr ar **martini**
I'w weld o hyd yn glir.

I mi rhyw gweir ofnadwy
A **rosé**, ar fy llw,
Ni welwyd yn y Leion
Erioed fath **malibŵ**.

Es oddi yno'n **shandy**
O olwg y **coc-têl**,
Rwy'n credu y riportiaf
Y **soda** i Ddafydd **Êl**.

Nid af i'r Leion **lager**,
Er **fodca** le di-brin,
Dim chwant am fwy o **dwbwl**
Nac awydd mwy am **Jin**.

Dathlu Canmlwyddiant, 1992

"A wyddech chwi, gyfeillion," medd William Huws, Tŷ-crwn,
"Fod 'leni yn ganmlwyddiant yr Achos annwyl hwn?"
Siaradodd y Gweinidog, gan sôn am sêl a braint,
A diolchwyd i'r 'Sgrifennydd am brocio cof y saint.

A bellach ers rhyw ddeufis bu rhyw weithgarwch mawr:
Ailbeintiwyd yr hen gapel o'r nenfwd hyd y llawr,
Tacluswyd wal y fynwent gan frodyr hoff ynghyd
Gan lanw bylchau ynddi fu yno ers tro byd.

Benthyciwyd gan y Baptus eu llestri mwyaf crand,
Ac i'r orymdaith llogwyd y British Legion Band,
A chariwyd meincie'r Wesle a byrddau yr MC
Nes llanw pob cornelyn sydd yn ein capel ni.

'Sgrifennwyd at 'r aelodau sy ar wasgar ym mhob man –
Mae dau yn byw yn China a phedwar yn Japan
A nifer yn America – a dyma'u neges hwy:
"Un Jumbo wedi'i llogi, ond gall bydd angen dwy".

Cynlluniwyd taflen ddrudfawr a phrintio eithaf lot
Yn rhestru'r gweinidogion yn ôl i'r flwyddyn dot,
Gwahoddwyd i'r dathliadau bregethwr mawr ei glod
A chanslodd hwnnw wyliau yn Israel er mwyn dod.

Ond ddoe wrth sbïo'i lyfrau dros baned gref o de
Fe welodd Huws 'Sgrifennydd fod rhywbeth bach o'i le,
A chael, 'r ôl galw'i briod, a siecio gyda hi,
Nad aeth can mlynedd heibio er 1893.

Fe dynnwn len fan yma dros hen sefyllfa gas,
O Dad, rho help i'th bobol i sorto pethe mas,
A dod i bob rhyw Achos – Gyfrannwr dysg a dawn –
Ysgrifenyddion cymwys sy'n gallu cowntio'n iawn.

Y Pwyllgor Bugeiliol

Er pan aeth ein cyn-weinidog
Yn genhadwr i Landaf
Chwilio buom am olynydd
Ran o'r gwanwyn a thrwy'r haf.
   Nefol Jiwbil,
Cariad brawdol – 'na beth prin!

Wele aeth yn aeaf arnom,
Festri oer a noson gas,
Amherffeithrwydd sydd yn chwilio
Am berffeithrwydd penna'i mas.
    O am aros
Yn y tŷ o flaen y tân.

A oes gobaith cawn gytuno
Ar weinidog Parc-y-llyn?
"Dowch â hwnnw," medd y sgwlyn,
"A bydd Jên a minnau'n mynd".
    O disgynned
Darn o'r to ar ben y brawd.

"Beth am Hedd ap Heddwch, frodyr?
Amlwg yw 'da'r CND,"
Sôn am 'rheini," medd un arall,
"Nid oes yn fy Meibil i".
    Arglwydd gwrando
Ar ddoethineb mawr dy blant.

"Beth am hwn-a-hwn?" medd Williams,
"Beth am arall?" gwaedda'r crydd,
"Awn i bleidlais!" llefa'r llywydd,
"Reit," medd Puw, "ond pleidlais gudd!"
    Tragwyddoldeb
Dderfydd cyn y pwyllgor hwn.

Canig i'r Polyfilla

Pryddest a ganwn i pe cawn,
Neu awdl lawn melystra,
Cans beth yw canig fach i mi
Sy'n ffoli ar Bolyfilla?

Pechodau, beiau'r crefftwr gwan
Ym mhob rhyw fan a guddia,
Mae hwn yn gymorth hawdd ei gael,
Di-ffael yw'r Polyfilla.

Ac wrth ei drafod, meddwl wnes
Am hanes hynod Gwalia,
Beth petae gan Seithenyn gynt
Gwerth punt o Bolyfilla?

Pan ddaeth y cyntaf un heb wawdd
Drwy Glawdd y Brenin Offa,
Gwae nad oedd gan ein tadau hen
Lwyth trên o Bolyfilla.

Ei glodydd ef mewn tref a llan
Pob crefftwr gwan a gana,
Mae cymorth hwn yn hawdd ei gael,
Di-ffael yw'r Polyfilla.

Drwg yn y Caws

Hen fenyw fach Caerffili
Yn gwneud a gwerthu caws,
Na gwerthu losin yno
Roedd gwerthu caws yn haws.

Hen fenyw fach Caerffili,
Roedd ganddi bwt o ardd
Lle tyfai llu o lysiau
Ac ambell flodyn hardd.

Un diwrnod dyma'u casglu
A'u berwi i gyd yn saws
Ac arllwys y gybolfa
I mewn i'r fuddai gaws.

Bonheddwr mawr o'r Bala
A brofodd gosyn hon,
Pan aeth yn ôl i'r Bala
Yr **oedd** e'n fachan llon!

Adroddai straeon anllad
Wrth wragedd bach â ffyn
A cherddodd i Lanuwchllyn
Reit ar draws y llyn.

Hen fenyw fach Caerffili,
Daeth plismyn at ei drws
I chwilio 'mhlith y llysiau
A'r blodau, o mor dlws.

A chanfod er eu syndod
Rhwng mint a theim a mwsg
Rhyw gaws sy'n hoff gan hipis,
Caws llyffant yno 'nghwsg.

Hen fenyw fach Caerffili,
Mae'n awr yn talu'r bil,
Ca'dd fynd i Garchar Rhuthun
I gadw cwmni i Wil.

Er deisyf ac er dadlau
Nid ydyw damaid haws,
Bydd yno am sbel oherwydd
Y drwg oedd yn ei chaws.

Ond weithiau ar Wil mae'n wincio
A dweud, "Paid poeni, mêt,
Ynghudd yn nhop fy hosan
Mae copi o'r risêt".

Awdur

Cyhoeddodd eisoes ddwsin o gyfrolau,
Y diwyd hwn ymhlith ein hysgrifenwyr,
Pan ddaw ei gyfrol nesaf un i'r golau
Bydd ganddo fwy o lyfrau na darllenwyr.

Gweddi

"Ein Tad cofia'r Arab," meddai Eifion Wyn,
Fel y gŵyr pob modurwr, fe wnaeth erbyn hyn.

Cynhaeaf

Gweithias yn fy maes yn galed,
Para'n ysgafn wnâi fy waled,
Heuais frics a morter yno,
Ces gynhaeaf cryno, cryno.

Y Gwir yn Erbyn y Byd

Medd mam, "Gwisg wen sy'n arwydd, Einir,
O foes, diweirdeb, ac o fuchedd lân,"
"Yr Orsedd, beth am honno?" hola'r feinir,
A hir y sylla'r fam i fflamau'r tân.

Colli'r *Odliadur*

Fe ddygwyd fy *Odliadur*
Gan leidr ar y bws
Pan bwyswn dros fy meinwen
I roddi iddi swllt,
Ers hynny bûm yn methu'n lân
A rhoi'r un odl yn fy ngherdd.

Am odl – unrhyw odl –
Rwy'n chwilio ym mhob man,
A allwch, feirdd y Talwrn,
Roi help i brydydd gwael?
Pe daliwn i y lleidr hyll
Yn farw saethwn ef â gwn.

Fe holais tua Woolworth,
Ac eilwaith yn y Cop,
Ond nid oedd cownter odlau
I'w gael mewn unrhyw fan,
Os daliaf di, y lleidr ffôl,
Mi grasaf beth ar dy ben-glin.

Chwilmentais ym min sbwriel
Pob bardd mewn tref a llan,
Coronau gefais yno,
Ond odlau – dim wan jac.
Am osod prydydd yn y cawl
Fe haeddi gosb, y lleidr dwl.

Wrth brydydd bach diodl,
O feuryn, arfer gras,
Rwyt weithiau, rhaid cyfaddef,
Yn gallu bod yn ffeind,
Ond am y lleidr llyfrau blin
Rhown gic i hwnnw yn ei drwyn.

Ymson mewn Labordy

"Wel beth allai hwn fod, y golau bach coch 'ma
A'r swits wrth ei ymyl, mae'n lliw bach mor sionc,
Os pwysaf y swits, y mae'n bosib caf goffi,
Neu o uchelseinydd pwy ŵyr na ddaw tonc?
Rwyf yma fy hunan, a gwag yw'r labordy,
A'r swits sydd yn gwahodd – fe'i pwysaf yn awr…"

Wil Jones oedd yn ymson, ac ar gais y teulu,
Rwy'n gorffen ei bennill – e. Diolch yn fawr.

Esgus

O'r diwedd dyma'r testun
Bûm yn ei ddisgwyl cyd,
Caf bellach ysgrifennu
Y gân a 'sgydwa'r byd,
Ond 'rhoswch chi, cyn dechrau'r gân
Mae eisiau clap o lo ar tân.

Mae oblygiadau'r testun
Yn wir yn ddi-ben-draw,
Syniadau a delweddau
Flodeuant ar bob llaw,
A braslun wnaf o thema gre'
Ar ôl cael paned fach o de.

Pob clod i'r annwyl Dalwrn
Am roddi imi nawr
Y cyfle gogoneddus
I ganu cân mor fawr,
Caf ddechrau'r gân na fu ei bath
'R ôl agor tun o fwyd i'r gath.

Y teulu a noswyliodd,
Mae'r ffôn oddi ar ei bach,
Mae papur gwyn yn bentwr
Ar fwrdd fy 'stafell fach,
Â'r gloywddu inc y brithir o
'R ôl imi fod â'r ci am dro.

Y gân a luniaf heno
A glywir ym mhob sir
Tra phery bryniau Gwalia
A'n heniaith yn y tir,
Ond 'rhoswch chi, cyn dechrau'r gân
Mae eisiau clap o lo ar tân.

Caethiwed

'R ôl darllen ei bapur ar 'Ryddfraint y Caethion'
I aelodau Cymdeithas y Capel, Bryn Seion,
Aeth adref, heb oedi am sgwrs yn y festri,
I orffen yr hwfro ac i ddechrau ar y llestri.

Gofyn

Heb feddwl dim gofynnais i,
"Sut wyt ti heddiw, Huwcyn?"
A rhestru wnaeth pob aflwydd croes
Drw'i oes a fu'n ei ddilyn,
Pob pigyn clust, pob poen, pob pla,
Tro nesa' wna'i ddim gofyn.

Wil Pant-y-moch

Archdderwydd Cymru rodiai'n braf
Rhyw ddydd o haf y llynedd
Pan ddaeth i'w feddwl megis saeth
Rhyw weledigaeth ryfedd,
"Rhaid inni dderbyn," meddai'n groch,
"Wil Pant-y-moch i'r Orsedd".

Fe holwyd Wil, heb siw na miw,
Pa liw a fynnai wisgo,
Atebodd ef, "O ran fy hun
Nid oes yr un wy'n leicio,
I wisgoedd gwyrdd mae gennyf gas,
A glas nid yw'n fy siwtio.

Y wen ni fynnaf chwaith," medd Wil,
(Nid oedd yn swil, mae'n amlwg)
"Cans gwenwisg 'r ochor draw a gaf –
Un braf a llai diolwg".
A'r Orsedd aeth i banig mawr,
"Be wnawn ni'n nawr, atolwg?"

Pan ddaw y Steddfod yn ei thro
I'n bro yn fawr ei berw,
Yng nghyrddau'r Orsedd ddydd 'r ôl dydd
Nid bychan fydd y sylw
A gaiff y bardd mewn coban goch,
Wil Pant-y-moch fydd hwnnw.

Paham mae 'ngwallt yn wyn

Mae gennyf wylan fechan
Yr hardda 'rioed a fu,
Os gwyn yw lliw yr eira
O! gwynnach yw ei phlu.

Fe ddaeth rhyw hwsmon heibio,
Rhoes iddi fara twym,
Ac o ar ôl ei lyncu
Fy ngwylan aeth yn rhwym.

Trafeiliais yr holl wledydd
O Blwmp i'r India bell,
Ond balm nid oedd na ffisig
Wnâi 'ngwylan fach yn well.

Os llawn yw'r lleuad newydd,
Os llawn yw'r byd o sŵn,
O llawn fy ngwylan innau
A'i bola bach fel b'lŵn.

At ddrws hen ddewin euthum
Yn drist a thrwm fy nhroed,
"Cascara" oedd ei eiriau,
"Ni fethodd hwnnw 'rioed".

Cascara roes i'r wylan,
Hedfanodd fyny fry
Ac O! y fath ymlaciad
A ga'dd fy ngwylan i.

A rhodio'r maes yr oeddwn
Yn digwydd bod bryd hyn,
A dyna, ffrindiau annwyl,
Paham mae 'ngwallt yn wyn.

Baled y Stripar

Chwi Gymry glân aneiri'
Dowch mla'n i wrando stori
Na bu ei gwell mi fentra ròt,
Am Dot y stripar heini.

Ei hobi oedd arddangos
Ei hun ymhell ac agos,
A rhaid yw bod yn deg â Dot –
Roedd ganddi lot i ddangos.

Ond cyn mynd mla'n â'r stori
Fe hoffwn ychwanegu,
Taw'n Eglwys Bresbyteraidd Sblot
Y dygwyd Dot i fyny.

Ac aelod brwd i r'feddu
Beth bynnag fyddai'r tywy'
Cwrdd gweddi, Dorcas, seiat – y lot,
Roedd Dot yn eu mynychu.

Gwnaeth radd B.A. mewn stripio
Yng Ngholeg Coffa'r Bermo,
Ac enwog ddaeth am ddawnsio'n chwim
A dim yn cael ei gwato.

Bu'n dawnsio'n Ffrainc a Deri,
Clunderwen ac yn Nhwrci,
Ac unwaith yn yr Albert Hall
A dim ytôl amdani.

Ond dyma oedd ei phrofiad –
Ddaeth iddi 'rioed wahoddiad
Gan 'r eglwys – a hithau'n un o'i phlant –
I dynnu bant ei dillad.

Arhosodd am ei chyfla,
Daeth hwnnw mewn Cymanfa
Yn Eglwys Bresbyteraidd Sblot,
Sef capel Dot – Bethania.

A'th mla'n i'r ffrynt i eiste
A daeth 'r arweinydd ynte,
A chyn bo hir roedd hwnnw'n ffri
Yn chwifio fry ei freichie.

Daeth off ei dillad ucha
Ar ganol 'r emyn cynta',
A'r tenors oll yn canu'n llon,
"*Roll on* yr emyn nesa!"–

Yn ara bach fe stripws,
Pob pilyn ffwrdd a dynnws,
Ac ni bu rioed shwt ganu da
Ar yr Haleliwia Corws.

'R organydd glywai'r twrw
(Roedd organ braf gan hwnnw),
Fe droes ei ben a rhoddodd floedd
Wrth weld beth oedd y sbort-w.

Ac meddai wrth y dyrfa,
"Ni chaech-chi fyth, mi wranta,
Pe chwiliech yr holl fiwsig shops
Ddim organ stops fel yna".

Ei lygaid fel dau ffloring
A wyliai'r eneth dering,
Ac ar yr organ chwarae'n llon
Yr 'Air upon a G-String'.

Gresynu wnâi'r sopranos
A gwgi wnaeth yr altos,
Ond nid oedd gwg na chilwg gas
Ymhlith y bas proffwndos.

Roedd llawer canwr yno
Yn teimlo'n reit tremolo,
A'r gw'nidog yntau bron cael haint
Gan gymaint ei vibrato.

Ymlaen â'i dawns yn dawel
Aeth Dot, gan neidio'n uchel,
Roedd yno le – wel tewch â sôn –
Cyn cyrraedd 'Tôn y Botel'.

Cot blaenor yna gafwyd,
Dros Fryniau Casia'i taflwyd,
A het rhyw flaenor arall ga'd
I guddio Gwlad 'r Addewid.

I uchel floedd a chwiban
O'r diwedd aeth Dot allan,
A chanwyd tôn a geiriau doeth
Am wisgo'r noeth a'r aflan.

A hyd y diwrnod heddiw
Hynafgwyr uwch eu cwrw
Sy'n cofio am Gymanfa Sblot,
A diwrnod Dot oedd hwnnw.

Perthynas Pell

A minnau yn meindio fy musnes fy hun,
Pwy landiodd ond hwn, ar ryw fore dydd Llun,
Ac meddai mewn llais megis brefiad y llo –
"I'm your cousin – or something – from Idaho".

Roedd gwraig o faintioli yn dilyn y brawd
Mewn trowser wnâi gartref i arab tylawd,
Clos byr oedd i'r cyfaill, a choesau main gwyn,
A llun Donald Duck ar ei fynwes fan hyn.

Buont acw bythefnos, yr anhyfryd ddau,
Yn bloeddio am achau – a'm llwyr sicrhau
Fod poblogaeth America'n filoedd di-ri,
A'r rhan fwyaf o'r rheini yn perthyn i mi.

Gadawsant o'r diwedd yn uchel eu llef,
Ac wrth droedio'n lluddedig o stesion y dref
Fe welais hen gyfaill sy'n byw'n yr un stryd
Yn sionc ac yn siriol ac yn wên i gyd.

A meddai â winc, "Gwaredigaeth fu im –
Bûm yn disgwyl ymwelwyr, ond ddaethon-nhw ddim,"
"Pwy felly?" 'be finnau, ac meddai efô,
"Rhyw gefnder – neu rhywbeth – o Idaho".

Yng Ngardd Eden

Yng Ngardd Eden un prynhawngwaith
O dan gysgod deiliog lwyn
Adda oedd yn bolaheulo
Ac yn ddistaw bigo'i drwyn,
    Wrth ei ochor
Cysgai Efa luniaidd, hardd.

Fe ddaeth sarff a dweud, "Mae 'falau
Coch a melyn braf ar diain
Ar y goeden, ewch i'w casglu,"
Casglu wnaethant lwyth o'r rhain,
    Tarten 'falau
Oedd i swper gyda'r hwyr.

Yn yr oriau mân fe welwyd
Yn ei dyblau Efa dlos,
Gwayw yn ei bol – ac Adda'n
Gorfod mynd drot-drot drwy'r nos
    Tua'r cornel
Lle roedd llwyn o riwbob tal.

Nid delfrydol oedd dail riwbob
At y gorchwyl oedd mewn llaw,
Gwaeth oedd profiad Efa druan
Yn y llwyn dail poethion draw,
    Yng ngardd Eden
Nid oedd papur meddal pinc.

Peidier sôn am bechod gwreiddiol
Nac am dwyll y sarff, da chi,
Arall ydyw neges Eden
I feidrolion fel nyni:
    Peidier bwyta
Tarten 'falau'n hwyr y nos.

Pennill yn cynnwys y gair 'inc'

Fy nghariad yrrodd imi air
Yn nhymor ffair Llanfyny'
I ddweud tra gwelid calch ar dai
Y byddai yn fy ngharu,
Ond ar un arall rhoddodd winc
Cyn bod yr inc yn sychu.

Colli Ffordd

Colli'r ffordd wrth fynd i Rymni,
Cyrraedd buarth Pantybeili,
Holi'r forwyn fach a wyddai
Sut yr awn i ben fy siwrnai.

Du ei gwallt a du ei llygad,
Tlws ei gwên a thlws ei thrwsiad,
Gorau peth ddigwyddodd imi –
Colli'r ffordd wrth fynd i Rymni.

Y Cwmni Drama

Drama'r capel eleni oedd *Blodeuwedd*,
A Siân merch y Post â'r brif ran,
A dim byd yn cuddio ei pherson
Ond blodau y maes dros bob man.

Ond daeth rhywun â chwistrell chwynladdwr
I'r festri, a'r blodau mân
A wywodd, gan syrthio i'r llwyfan
Nes bod dim yn gorchuddio Siân.

Bu uchel a hir y bonllefau
O blith yr ychydig rai
Oedd yno a heb aros gartref
I wylio'r teledu'n eu tai.

Nos drannoeth y lle oedd yn orlawn,
Ond ddaeth neb i chwistrellu'r ail dro,
A bu helynt ar y diwedd, a'r dyrfa
Am ei harian yn ôl, ac o'i cho.

Ond meddai'r gweinidog, "Nac ofnwch,
Dowch 'n ôl nos yfory bob wan,
Cans gwelaf fan hyn law Rhagluniaeth
Yn codi hen achos bach gwan".

Ac meddai drachefn wrth y cwmni,
"Fe helpodd y chwistrell 'na lot,"
Ac aeth ati heb golli dim amser
I'w sgrifennu hi'n dwt mewn i'r plot.

Bu'r cyfan yn llwyddiant, a heddiw
Mae'r wasg yn cyhoeddi yn blaen,
"Fel y *Mousetrap* yn ninas fawr Llundain
Gall hon fynd ymlaen ac ymlaen".

A beunos daw'r lluoedd i'r festri,
Ac ni cheir eisteddle yn wag,
A dywedant, "'Na braf bod 'na ddramas
Fel yma i'w ca'l yn Gymra'g".

Parc yr Arfau
(oedd y testun a gafwyd)

Cyd-Gymry, yn hen ac yn ifanc,
Rwyf am adrodd stori i chi,
Ac os na ddigwyddith hi blesio
Wel sdim gwahaniaeth mo'r dam gennyf i,
    Dan ganu di ral ffal di ro.

Un bore ca'dd Guto wahoddiad
A wnaeth iddo weiddi "Hwrê!"
"Fe'ch dewiswyd i fachu dros Gymru,"
Cans am fachu un enwog oedd e.
    Dan ganu di ral ffal di ro.

Ond wele daeth cwmwl dros wyneb
'R hen Guto pan gofiodd efô,
Nad oedd wedi bachu ers wythnos
Er ceisio yn galed sawl tro.

Ar unwaith i syrjeri'r proctor
Yr aeth gan ddywedyd yn ewn,
"O proctor, rwy'n methu'n lân bachu,"
"Tŵ-tŵ," meddai'r proctor, "dewch mewn".

Ar fainc ef a roddwyd i orwedd
A'i archwilio o'r gwaelod i'r top,
"Mae eich titley yn burion," meddai'r proctor,
"A does dim byd o'i le ar eich prop".
    Dan ganu di ral ffal di ro.

Mae rhyw gymaint efallai o ôl adlam
Ar eich debentures, sydd ychydig yn deit,
Ond mae'ch coron ymhell o fod yn driphlyg,
A ma'ch peli i gyd yn olreit.

Does dim perego mai'r gravell sydd arnoch,
Mae eich ystlys i hynny yn dyst,
Ac o yfed digonedd o Carling
Does dim byd o le ar eich pyst.
    Dan ganu di ral ffal di ro.

"O gadwch eich dooley nawr, proctor,"
Medd Guto, "a rhoddwch i mi
Boteled o stwff wna imi fachu
Yn well na'r un bachwr a fu".

"Mae gennyf yr union boteled,"
Meddai'r proctor, a chodi i'w nôl,
"Cymrwch lymaid o hwn 'r ôl mynd adre,
Sef ffisig a elwir 'loose maul'".

Gwnaeth Guto 'nôl cyngor y proctor
A bu gwaredigaeth ddi-oed,
A bu wrthi yn bachu a bachu
Fel na fachodd un bachwr erioed.

A diwrnod y gêm Cymru 'nillodd,
A'r Saeson yn gandryll bob wan
Yn sleido a syrthio – am fod Guto
Yn bachu ar y cae ym mhob man.

Ar faes Parc yr Arfe bu'r chwarae,
Gwell nodi, cyn myned dros go,
Cyn bwysiced yw canu'n destunol
A chanu di ral ffal di ro.

Jemima

Cydneswch yma, Gymry glân,
I wrando 'nghân yn gynnes
Am 'r hen Jemima, fawr ei chlod,
Ac am ei hynod hanes
Yn dod â'r Ffrancod at eu coed –
P'le 'rioed fu'r fath arwres?

Coblera fyddai'r braff ei gwast
Ac ar y last yn lysti
Esgidiau plant y fro o'r bron
A drwsiai hon yn heini,
A chlywch! Ni fentrai ar fy llw
'R un dafn o ddŵr i'r rheini.

O! Ffrancod bach, pe gwyddech chi
Wrth hwylio'r lli yn llawen
Mai at Jemima y nesaech
Be wnaech? Rhoi gwaedd aflawen
A holi'n wyllt, "Y nefoedd wen,
Be ddaeth i ben y capten?"

Ond daeth y gwirion griw i dir
A thrwy y sir aeth sïon
Fod bedd a diwedd wedi dod,
A bod rhyw fyddin greulon
Yn tramwy'r wlad, ei lled a'i hyd,
A'i bryd ar wneuthur gweddwon.

Ond byddin llawn o win oedd hon,
Un llugoer bron â llwgu,
Ac er ei bonapartaidd ddawn,
Anghymwys iawn, rwy'n barnu,
I gwrdd â Jem, a rhoi i lawr
Arwres fawr y gweithdy.

Roedd Jem yn pwytho a mwmian tôn
Pan ddaeth y sôn amdanynt,
Mewn picfforch bigfain gafael wnaeth
Ac aeth fel cwthwm corwynt,
A ger Llanwnda, gan roi sgrech,
Cornelodd chwech ohonynt.

Ac yna hanner dwsin mwy
A ddaliodd drwy grochweiddi,
Ac at y Cotiau Coch yn hy
Eu gyrru bentigili,
A hwythau'n gweiddi "O, la la!"
A dala dwylo'i gily'.

Daeth dyn milisia'n ara deg
Ymlaen â'i geg ar agor,
Medd Jem wrth hwnnw, "Deffra, ddyn,
Rhag cael dy hun ar elor,
Rho glo ar 'rhain heb oedi'n ffôl,
Rwy'n mynd yn ôl am ragor".

Ond crwydrai'r Ffrancod erbyn hyn
Dros ddôl a bryn ym mhobman,
Medd Jem, "Mae'n rhaid bod ffordd, myn brain,
Ar 'rhain i godi ofan,
Fel na ddônt mwy i'n henwlad bur
Ar antur i whilmentan".

A galw wnaeth ar wragedd bro,
"Ar fyr o dro dowch yma,
A dygwch gennych," llefai'n groch,
"Eich sioliau coch pob copa,"
Doedd neb o'u plith – mor fawr eu parch –
Wrthodai arch Jemima.

Ac ar y llethrau'r gwragedd fu
Yn martsio fry fel sawdwyr,
A Jem yn arwain yn ddi-gryn,
Nes dychryn yr hen Ffrancwyr,
"O'n cwmpas," gwaeddent ag un floedd,
"Rhyw filoedd sydd o filwyr!"

A gwelwyd hwy heb fawr o dro
Yn heidio i draeth Wdig,
Ac yno ildio'u harfau i gyd.
Os oedd eu bryd cythreulig
Ar goncro'r wlad, eu rhan fu cael
Ymadael yn siomedig.

Ymhell oddi yno, 'n ôl y si,
Roedd Boni ar fin noswylio –
Efe a'i briod ieuanc oed,
Pan roed yr hanes iddo
Am gampau Jem – ac meddai'n flin,
"O Josephine – ddim heno".

Chwi ddaeth i wrando, Gymry glân,
Ar hyn o gân yn gynnes,
Rhowch i Jemima fawr eich clod
Wrth gofio'i hynod hanes
Yn dod â'r Ffrancod at eu coed,
P'le 'rioed fu'r fath arwres?

Catrin o Ferain

Cydneswch, cydneswch, chwi Gymry mwyn glân
Ar 'chydig o gân dowch i wrando,
Am eneth a drigai cyn dyddiau eich nain,
A Chatrin o Ferain oedd honno.

Gwaed brwd Owain Tudur (i'w linach gwnaeth les
Drwy fynnu brenhines i'w wely)
A nwyfus ysbonciai yng nghalon 'r un wen
Oedd mor felyn ei phen â'r briallu.

A llanciau Llanefydd fin nos uwch eu bîr
A holai, a hir fyddai'u hochain,
"A oes un forwynig yn holl wledydd Cred
Cyn laned â'r aeres o Ferain?

Yr heulwen a wrida pan wêl eiliw'r can
Yn rhodio drwy'r llan ar foreddydd,
Na'i chares Sidanen mil harddach yw hi,
Gwae ni!" meddai llanciau Llanefydd.

Ond yswain a ddaeth o Leweni gerllaw
Ac ennill ei llaw, unlliw'r lili,
"Ein dydd aeth yn nos!" llefai'r llanciau ynghyd,
"Ond gwyn yw dy fyd ti, Siôn Salbri".

"Boed dedwydd y ddeuddyn heb newyn na nych,"
Oedd cennad y clych ddydd eu huno,
Ond cwta naw mlynedd, ac isel ei ben
Yr oedd yswain Lleweni yn huno.

A Chatrin adawyd, galarus y sôn,
A Tomos a Siôn ei dau febyn,
A llanciau Llanefydd – heb iawn ddeall pam –
Oedd â'u cam yn ysgafnach o dipyn.

I'r eglwys pan roddwyd Siôn Salbri i'r llwch,
Ym mraich Rhisiart Clwch aeth y feinir,
A dod oddi yno, a'i dagrau yn llyn,
Ym mraich Morris Wynn o Blas Gwedir.

A Morris sibrydodd, "Mae'n fuan, wn i,
Ond a wnei di 'mhriodi, liw'r blode?"
"Derbyniais Syr Rhisiart," meddai hithau yn wan,
"Wrth fyned i'r llan heddiw'r bore".

"Fy nghalon sy'n ddwy!" llefai Morris. "Myn Mair!
Oni ddwedi un gair i'm cysuro?"
Meddai d'weddi Syr Rhisiart mewn llais distaw bach,
"Nid hwyrach daw siawns rywbryd eto".

A Morris a'i fyd – fel ei enw – yn wyn
A aeth gyda hyn tua'i libart
Gan adael dros gof, er mor syber ei foes,
Ddymuno hir oes i Syr Rhisiart.

"Ymhell dros y moroedd," medd Rhisiart, "yr awn,
A thar

io a gawn yno'n ddedwydd,
A blodau Ewropa, er teced eu llun
A bylant wrth rosyn Llanefydd."

A mwyn fu eu myned a difyr eu dod
Nes dyfod awr front yr ysgaru,
A'r weddw a'i dwyferch yn chwerw eu llef
A ddaeth tua'u cartref yng Nghymru.

"Nid gwael ydyw gweled," medd Catrin yn fwyn,
"Dirioned pob twyn yn fy mrodir,"
A chofiodd, gan wylo i napcyn mawr gwyn,
Am sgwrs Morris Wynn o Blas Gwedir.

Mewn melin a gweithdy ac efail y go'
Bu mynych y nodio awgrymog
Wrth weld Morris Wynn ar ei geffyl main du
Yn cyrchu Plas Berain yn wresog.

"O, Morris," medd Catrin, "rwy'n wylo am ddau,
Fe weli fy nagrau'n gawodydd,"
Ond ennyd, a hithau a suddai mewn plu
Yn gynnes gywely i'r trydydd.

Saith wanwyn a ffrwydrodd ym mharciau y Plas,
A glas fu saith haf ar ei lawntiau
Pan welwyd gwenithen Plas Gwedir yn syn
Wrth fedd Morris Wynn ar ei gliniau.

O, Angau, a aethost â Rhisiart a Siôn
A Morris i'r dison dawelwch,
Paham yr ysbeiliaist 'r un landeg o'r tri?
A ddenwyd dydi gan ei thegwch?

A Chatrin ofynnodd un noson yn fwyn
I'w morwyn, rhwng pyliau o wylo,
"Yn arwyl fy mhriod, pwy oedd y llanc tal?"
"Ned Thelwal, fy meistres," medd honno.

Mae'n holi amdanat, o fab Plas y Ward,
Dos Edward – i Ferain ar d'union,
Mae cymar it yno am weddill dy oes,
O esmwythâ'r loes sy'n ei chalon.

Ac yno bu Edward yn feistr y stad
A deiliaid y wlad yn ei garu,
A Chatrin – yng nghanol ei phlantos mor ffraeth –
Nid aeth at yr allor ond hynny.

A heno yn erw Llanefydd mae hi
'R ôl dyddiau ei bri a'i chyfaredd,
A'i llinach yn falchder o Fynwy i Fôn,
Amdanynt boed sôn yn ddiddiwedd.

Hynafgwyr Llanefydd fin nos uwch eu bîr
A holant, a hir fydd eu hochain,
"A welwyd un forwyn drwy holl wledydd Cred
Cyn laned â Chatrin o Ferain?"

Hefyd gan Tegwyn Jones

ODL A CHODL

Cerddi dwl a doniol
(gyda Jini Owen)
lluniau gan Wil
Rowlands
0 86243 260 X
£3.95

HWYL YR ŴYL

Canrif a mwy o
gartwnau'r Eisteddfod
0 86243 274 X
£3.95

YR ABC DONIOL

(gydag Elwyn Ioan)
Rhigymau doniol
ar gyfer dysgu'r wyddor
0 86243 255 3
£5.95 clawr caled

ANECDOTAU LLENYDDOL

Dros 400 o straeon difyr
am lenorion Cymru
0 86243 144 1
£6.95 clawr caled

Y LLEW A'I DEULU

Hanes Lewis Morris yng
Ngheredigion
0 86243 039 9
£2.95 – bargen!

CYHOEDDI · DYLUNIO · ARGRAFFU

Talybont, Ceredigion SY24 5AP
ffôn (01970) 832 304 *ffacs* 832 782 *isdn* 832 813
e-bost ylolfa@ylolfa.com *y we* www.ylolfa.com